AIUTAMI, PADRE MIO!

Parola di Dio, preghiere,

e testimonianze per tutti coloro che soffrono

Giuseppe Martinenghi

Titolo | Aiutami, Padre mio!
Autore | Giuseppe Martinenghi

ISBN | 978-88-91194-33-6

Youcanprint Self-Publishing
Via Roma, 73 – 73039 Tricase (LE) – Italy
www.youcanprint.it
info@youcanprint.it
Facebook: facebook.com/youcanprint.it
Twitter: twitter.com/youcanprintit

BREVE INTRODUZIONE

Mi sono convinto che la pochezza del mio Spirito oltre che della mia intelligenza, deve trovare un senso non solo nell'accettazione del dono della famiglia e nel servizio ad essa, ma anche nell'umile servizio a chi soffre. Ora intendo offrire questo piccolo libricino a coloro che soffrono qualsiasi forma di malattia, fisica, morale, o spirituale. Non ritengo però di essere in grado di esprimere in modo adeguato l'Amore del Padre verso i suoi figli che gli chiedono aiuto. Perciò non scrivo di mio, ma lascio alla Parola di Dio ed alla preghiera la funzione di elevare lo Spirito di chi è malato e si appresta a leggere, con anche l'obbiettivo di portare consolazione e speranza. La speranza che non muore, quella che viene da Dio. Io non so ancora cosa mi serberà la mia malattia e pertanto non indugio a scrivere per chi ha bisogno, per non perdere tempo e modo di esprimere la consolazione del Signore.

Essendo soprattutto Parola di Dio, il mio augurio è che ci si accosti con spirito di fede e di preghiera, fiduciosi nell'aiuto del Padre.

La Parola di Dio va letta lentamente, meditata, alternando momenti di silenzio e riflessione personale.

Dalla Lettera di San Paolo Apostolo ai Galati (4,6)

Ma quando venne la pienezza del tempo, Dio mandò il suo Figlio, nato da donna, nato sotto la legge, per riscattare coloro che erano sotto la legge, perché ricevessimo l'adozione a figli. E che voi siete figli ne è prova il fatto che Dio ha mandato nei nostri cuori lo Spirito del suo Figlio che grida : "Abbà Padre!" Quindi non sei più schiavo, ma figlio.

PAPA' NOSTRO

Padre nostro,

che sei nei cieli,

sia santificato il tuo nome,

venga il tuo regno,

sia fatta la tua volontà,

come in cielo,

così in terra,

dacci oggi il nostro pane quotidiano,

rimetti a noi i nostri debiti,

come noi li rimettiamo ai nostri debitori,

e non ci indurre in tentazione,

ma liberaci dal male.

Amen.

SEQUENZA ALLO SPIRITO SANTO

Vieni Santo Spirito,

manda a noi dal cielo,

un raggio della tua luce,

vieni luce dei cuori,

consolatore perfetto,

ospite dolce dell'anima,

dolcissimo sollievo,

nella fatica riposo

nella calura riparo,

nel piano conforto

Luce beatissima

invadi nell'intimo,

il cuore dei tuoi fedeli,

Lava ciò che è sordido,

bagna ciò che è arido,

sana ciò che sanguina,

piega ciò che è rigido,

scalda ciò che è gelido,

drizza ciò che è sviato.

Dona ai tuoi fedeli,

che solo in te confidano,

i tuoi santi doni,

dona virtù e premio,

dona gioia

ANTICO TESTAMENTO

Nell'Antico Testamento, a più riprese, il Signore si definisce consolatore del suo popolo: "Io, Io sono il tuo consolatore" (Isaia 51,12). L'esilio è una delle esperienze più dolorose incontrate dal popolo ebraico nel suo percorso esistenziale. In quella circostanza il popolo avverte l'assenza di consolatori: "Dal mio occhio scorrono lacrime perché lontano da me è chi consola" (Lamentazioni 1,16); Sion protende le mani, nessuno la consola (Lamentazioni, 1,17) . Dopo silenzi e momenti di oscurità, la parola consolatrice di Dio raggiunge le persone direttamente o attraverso la mediazione dei profeti: "Consolate, consolate il mio popolo, dice il vostro Dio" (Isaia 40,1)

L'UOMO DEI DOLORI

(Is 53, 4-6)

"Egli si è caricato delle nostre sofferenze, si è addossato i nostri dolori, e noi lo giudicavamo castigato, percosso da Dio e umiliato. Egli è stato trafitto per i nostri delitti, schiacciato per le nostre iniquità. Il castigo che ci dà salvezza si è abbattuto su di lui; per le sue piaghe noi siamo stati guariti. Noi tutti eravamo sperduti come un gregge, ognuno di noi seguiva la sua strada; il Signore fece ricadere su di lui l'iniquità di noi tutti.

Salmo 41

Come la cerva anela ai corsi d'acqua,

così la mia anima anela a te, mio Dio.

L'anima mia ha sete di Dio, del Dio vivente:

quando verrò e vedrò il volto di Dio?

Le lacrime sono mio pane giorno e notte,

mentre mi dicono sempre: dove è il tuo Dio?

Questo io ricordo, e il mio cuore si strugge:

attraverso la folla avanzavo tra i primi,

fino alla casa di Dio,

in mezzo a canti di gioia

di una moltitudine in festa

Perché ti rattristi anima mia?

Perché su di me gemi?

Spera in Dio, ancora potrò lodarlo,

lui, salvezza del mio volto e mio Dio.

In me si abbatte l'anima mia,

perciò di te mi ricordo

del Paese del Giordano e dell'Ermon,

dal monte Mizar.

Un abisso chiama l'abisso

al fragore delle tue cascate

tutti i tuoi flutti e le tue onde

sopra di me sono passati.

Di giorno il Signore mi dona la sua grazia,

di notte per lui innalzo il mio canto:

la mia preghiera al Dio vivente.

Dirò a Dio, mia difesa:

perché mi hai dimenticato?

Perché triste me ne vado, oppresso dal nemico?

Per l'insulto dei miei avversari

sono infrante le mie ossa;

essi dicono a me tutto il giorno:

Dov'è il tuo Dio?

Perché ti rattristi, anima mia?

Perché su di me gemi?

Spera in Dio: ancora potrò lodarlo,

lui, salvezza del mio volto e mio Dio.

DAL LIBRO DEL SIRACIDE (11,12)

C'è chi è debole e ha bisogno di soccorso,

chi è privo di beni e ricco di miseria:

eppure il Signore lo guarda con benevolenza,

lo solleva dalla sua bassezza

e lo fa stare a testa alta, si che molti ne sono stupiti.

Bene e male, vita e morte,

povertà e ricchezza, tutto proviene dal Signore.

Sapienza, senno e conoscenza della legge vengono dal
Signore;

Carità e rettitudine sono dono del Signore.

La benedizione del Signore è la ricompensa del pio;

in un istante Dio farà sbocciare la sua benedizione.

Dite agli smarriti di cuore: "Coraggio, non temete;

ecco il vostro Dio,

giunge la vendetta,

la ricompensa divina,

egli viene a salvarvi.

Allora si apriranno gli occhi dei ciechi

e si schiuderanno gli orecchi dei sordi.

Allora lo zoppo salterà come un cervo,

griderà di gioia la lingua del muto,

perché scaturiranno acque nel deserto,

scorreranno torrenti nella steppa.

NUOVO TESTAMENTO

Dalla seconda lettera di Paolo ai cristiani di Corinto

In tutto noi siamo tribolati, ma non schiacciati, siamo sconvolti, ma non disperati, perseguitati, ma non abbandonati, colpiti ma non uccisi, portando sempre e dovunque nel nostro corpo la morte di Gesù perché anche la vita di Gesù si manifesti nel nostro corpo. Sempre, infatti, noi che siamo vivi, veniamo consegnati alla morte a causa di Gesù, perché anche la vita di Gesù si manifesti nella nostra carne mortale. Per questo non ci scoraggiamo, ma se anche il nostro uomo esteriore si va disfacendo, quello interiore invece si rinnova di giorno in giorno. Infatti, il momentaneo leggero peso della nostra tribolazione ci procura una quantità smisurata ed eterna di gloria: noi non fissiamo lo sguardo sulle cose visibili, ma su quelle invisibili, perché le cose visibili sono di un momento, quelle invisibili sono eterne.

Dal Vangelo di Matteo

"Venite a me, voi tutti che siete stanchi e oppressi e io vi darò ristoro. Prendete il mio giogo sopra di voi e imparate da me, che sono mite e umile di cuore e troverete ristoro per la vostra vita. Il mio giogo infatti è dolce e il mio peso leggero"

Dal Vangelo di Matteo

Gesù si mise a parlare e insegnava loro dicendo: "Beati i poveri in spirito perché di essi è il regno dei cieli. Beati quelli che sono nel piano perché saranno consolati.

Beati i miti perché avranno in eredità la terra.

Beati quelli che hanno fame e sete della giustizia, perché saranno saziati.

Beati i misericordiosi perché troveranno misericordia.

Beati i puri di cuore perché vedranno Dio.

Beati gli operatori di pace perché saranno chiamati figli di Dio.

Beati i perseguitati per la giustizia perché di essi è il regno dei cieli

Dalla seconda lettera di Paolo ai cristiani di Corinto

Sia benedetto Dio, Padre del Signore nostro Gesù Cristo, Padre misericordioso e Dio di ogni consolazione! Egli ci consola in ogni nostra tribolazione, perché possiamo anche noi consolare quelli che si trovano in ogni genere di afflizione con la consolazione con cui noi stessi siamo consolati da Dio. Poiché, come abbondano le sofferenze di Cristo in noi, così, per mezzo di Cristo, abbona anche la nostra consolazione. Quando noi siamo tribolati, è per la vostra consolazione e salvezza; quando siamo confortati, è per la vostra consolazione, la quale vi dà forza nel sopportare le medesime sofferenze che anche noi sopportiamo. La nostra speranza nei vostri riguardi è salda: sappiamo che, come siete partecipi delle sofferenze, così lo siete anche della consolazione

CHI CI SEPARERA' DALL'AMORE DI CRISTO?

Dalla lettera di San Paolo Apostolo ai Romani

Fratelli, se Dio è per noi, chi sarà contro di noi? Egli, che non ha risparmiato il proprio figlio, ma lo ha dato per tutti noi, come non ci donerà ogni cosa insieme con lui? Chi accuserà gli eletti di Dio? Dio giustifica. Chi condannerà? Cristo Gesù, che è morto, anzi è risuscitato, sta alla destra di Dio e intercede per noi. Chi ci separerà dall'amore di Cristo? Forse la tribolazione, l'angoscia, la persecuzione, la fame, la nudità, il pericolo, la spada? Proprio come sta scritto: per causa tua siamo messi a morte tutto il giorno, siamo trattati come pecore da macello. Ma in tutte queste cose noi siamo più che vincitori, per virtù di colui che ci ha amati. Io sono infatti persuaso che, né morte né vita, né angeli né principati, né presente né avvenire, né potenze, né altezza, né profondità, né alcun altra creatura potrà mai separarci dall'amore di Dio, in Cristo Gesù, nostro Signore.

NELLA PROVA UN PORTO SICURO

Dal Vangelo di Giovanni

Venuta intanto la sera, i discepoli di Gesù scesero al mare e, saliti in una barca, si avviarono verso l'altra riva in direzione di Cafarnao. Era ormai bui, e Gesù non era ancora venuto da loro. Il mare era agitato, perché soffiava un forte vento. Dopo aver remato tre o quattro miglia, videro Gesù che camminava sul mare e si avvicinava alla barca, ed ebbero paura. Ma Egli disse loro "Sono io, non temete". Allora vollero prenderlo sulla baca e rapidamente la barca toccò la riva alla quale erano diretti.

Quante volte ci troviamo nella situazione degli apostoli! Il vento delle preoccupazioni, il mare della sofferenza, il buio della speranza, ci fanno paura. Siamo come su quella barca, apparentemente in balia degli eventi della vita, finchè Gesù non viene da noi. E' interessante sottolineare che LUI viene da noi. Ci dice con forza di non temere, perché con lui siamo al sicuro e approdiamo verso il porto della pace interiore.

VENITE A ME E SARETE CONSOLATI

Dal Vangelo di Matteo

In quel tempo Gesù disse: Venite a me, voi tutti, che siete affaticati e oppressi, e io vi ristorerò. Prendere il mio giogo sopra di voi e imparate da me, che sono mite e umile di cuore, e troverete ristoro per le vostre anime

Riflessione

(tratto da" Dall'Alba al Tramonto")

Di Gesù si dice spesso che ebbe compassione di fronte ai malati, ai lebbrosi, alle folle affamate o disperse come pecore senza pastore. Quando incontra la sofferenza, si commuove fino alle viscere, talora piange di fronte alla morte. Il sentire profondo lo muove a incontrare le persone, a compiere i gesti più umani: prende per mano e fa rialzare la suocera di Pietro, i bambini morti; tocca il lebbroso e si lascia toccare dalla donna con le emorragie, dalla peccatrice che gli offre segni di ospitalità; si ferma ad ascoltare il cieco che chiede aiuto, fissa negli occhi con intensità e amore il paralitico o il ragazzo osservante che po-

trebbe diventare discepolo, prende in braccio i bambini, li benedice e impone loro le mani, addirittura tocca con la saliva gli occhi del cieco e la lingua del sordomuto. Queste azioni valorizzano ciascuno: toccando i malati si ferma su ognuno. La compassione mette in moto relazioni autentiche, azioni che rendono preziosa ogni vita.

Dal Vangelo secondo Matteo

Scese dal monte e molta folla lo seguì. Ed ecco gli si avvicinò un lebbroso, si prostrò davanti a lui e disse: Signore, se vuoi, puoi purificarmi. Tese la mano e lo toccò dicendo: lo voglio, sii purificato. E la sua lebbra fu guarita.

Dal Vangelo secondo Matteo

Entrato in Cafarnao, gli venne incontro un centurione che lo scongiurava e diceva: Signore, il mio servo è in casa, a letto, paralizzato e soffre terribilmente. Gli disse: Verrò e lo guarirò. Ma il centurione rispose: Signore, io non sono degno che tu entri sotto il mio tetto, ma di' soltanto una parola e il mio servo sarà guarito. Ascoltandolo, Gesù si meravigliò e disse a quelli che lo seguivano: in verità vi dico, in Israele non ho trovato nessuno con una fede così grande. E Gesù disse al centurione: và, avvenga per te come hai creduto. In quell'istante il suo servo fu guarito. Venuta la sera, gli portarono molti indemoniati ed egli scacciò gli spiriti con la parola e guarì tutti i malati, perché si compisse ciò che era stato detto per mezzo del profeta Isaia: " Egli ha preso le nostre infermità e si è caricato delle malattie

Dal Vangelo secondo Matteo

Stava ancora parlando, quando dalla casa del capo della sinagoga vennero a dire: tua figlia è morta. Perché disturbi ancora il Maestro?. Ma Gesù, udito quanto dicevano, disse al capo della sinagoga: non temere, soltanto abbi fede! Giunsero alla casa del capo della sinagoga ed egli vide trambusto e gente che piangeva e urlava forte. Entrato, disse loro: perché vi agitate e piangete? La bambina non è morta, ma dorme. E lo deridevano. Ma Egli, cacciati tutti fuori, prese con sé il padre e la madre della bambina e quelli che erano con lui ed entrò dove era la bambina. Prese la mano della bambina e le disse: "Talità kum" che significa: "Fanciulla,io ti dico, alzati!" E subito la fanciulla si alzò e camminava. Essi furono presi da grande stupore.

PREGHIERE E RIFLESSIONI

PREGHIERA PER LA GUARIGIONE INTERIORE

Padre di bontà, padre di amore,

ti benedico, ti lodo e ti ringrazio

perché per amore ci hai dato Gesù,

grazie, Padre, perché alla luce del tuo Spirito

comprendiamo che Lui è la luce, la verità,

il Buon Pastore,

che è venuto perché noi abbiamo la vita

e l'abbiamo in abbondanza.

Oggi, Padre, mi voglio presentare davanti a te come tuo figlio.

Tu mi conosci per nome. Volgi i tuoi occhi di padre amoroso

alla mia vita.

Tu conosci il mio cuore e le ferite della mia vita.

Tu conosci tutto quello che avrei voluto fare e che non ho fatto;

quello che ho compiuto io

e il male che mi hanno fatto gli altri.

Tu conosci i miei limiti,

i miei errori e il mio peccato.

Conosci i traumi e i complessi della mia vita.

Oggi, Padre, ti chiedo,

per l'amore verso il tuo figlio Gesù Cristo,

di effondere sopra di me il tuo Santo Spirito,

perché il calore del tuo amore salvifico

penetri nel più intimo del mio cuore.

Tu che sani i cuori affranti e fasci le ferite,

guarisci qui ed ora la mia anima,

la mia mente,

la mia memoria

e tutto il mio spirito.

Entra in me, Signore Gesù,

come entrasti in quella casa,

dove stavano i tuoi discepoli pieni di paura.

Tu apparisti in mezzo a loro e dicesti:

"Pace a voi".

Entra nel mio cuore e donami la pace;

Riempimi d'amore.

Noi sappiamo che l'amore scaccia il timore.

Passa nella mia vita e guarisci il mio cuore.

Sappiamo, Signore Gesù, che tu lo fai sempre,

quanto te lo chiediamo; e io te lo sto chiedendo

con Maria, nostra madre,

che era alle nozze di Cana

quando non c'era più vino

e tu rispondesti al suo desiderio

cambiando l'acqua in vino.

Cambia il mio cuore e dammi un cuore generoso,

un cuore affabile, pieno di bontà,

un cuore nuovo.

Fa spuntare in me i frutti della tua presenza.

Donami i frutti del tuo Spirito

Che sono Amore, pace, gioia.

Che scenda su di me lo spirito delle beatitudini

Perché possa gustare,

e cercare Dio ogni giorno,

vivendo senza complessi e senza traumi

insieme agli altri,

la mia famiglia,

ai miei fratelli.

Ti rendo grazie, o Padre, per quello che oggi stai

compiendo nella mia vita.

Ti ringrazio con tutto il cuore, perché mi guarisci

perché mi liberi,

perché spezzi le mie catene e mi doni la libertà.

Grazie, Signore Gesù, perché sono tempio del tuo Spirito

e questo tempio non si può distruggere,

perché è la casa di Dio.

PREGHIERA PER LA GUARIGIONE FISICA

Signore Gesù,

credo che sei vivo e risorto.

Credo che sei presente realmente

nel Santissimo Sacramento dell'altare

 e in ciascuno di noi che crediamo in Te

Ti lodo e ti adoro, ti rendo grazie,

per essere venuto da me, spesso come

Pane vivo disceso dal cielo.

Tu sei la pienezza della vita,

tu sei la risurrezione e la vita,

tu, Signore, sei la salute dei malati.

Oggi ti voglio presentare tutti i miei mali,

perché tu sei uguale ieri, oggi, e sempre

e tu stesso mi raggiungi

dove mi trovo.

Tu sei l'Eterno presente e mi conosci.

Ora, Signore, Ti chiedo d'aver compassione di me.

Visitami per il tuo Vangelo,

affinchè tutti riconoscano

che tu sei vivo, nella tua Chiesa, oggi;

e che si rinnovi la mia fede e la mia fiducia in Te;

Te ne supplico, Gesù.

Abbi compassione delle sofferenze del mio corpo,

del mio cuore e della mia anima.

Abbi compassione di me, Signore, benedicimi

e fa che possa riacquistare la salute.

Che cresca la mia fede

e che mi apra alle meraviglie del tuo amore,

perché sia anche testimone della tua potenza

e della tua compassione.

Te lo chiedo, Gesù, per il potere delle tue

Sante Piaghe,

per la tua Santa Croce e per il tuo preziosissimo Sangue.

Guariscimi, Signore,

guariscimi nel corpo,

guariscimi nel cuore,

guariscimi nell'anima.

Dammi la vita, la vita in abbondanza.

Te lo chiedo per l'intercessione

di Maria Santissima, tua Madre,

la Vergine dei dolori,

che era presente, in piedi, presso la tua Croce,

che fu la prima a contemplare le tue sante piaghe

e che ci hai dato per Madre.

Oggi, Signore,

ti presento con fede tutti i miei mali

e ti chiedo di guarirmi completamente.

Sono così sicuro del tuo amore,

che prima ancora di conoscere il risultato

della mia preghiera,

ti dico con fede:

grazie, Gesù, per tutto quello che farai

per me e per tutti i miei cari.

Grazie per i malati che stai guarendo ora,

grazie per quelli che stai visitando con la tua Misericordia.

PREGHIERA DI ABBANDONO AL PADRE

Padre mio,

io mi abbandono a Te,

fa di me ciò che ti piace;

qualunque cosa tu faccia di me

Ti ringrazio.

Sono pronto a tutto,

accetto tutto,

purchè la tua volontà,

sia compia in me

e in tutte le tue creature;

non desidero niente altro mio Dio.

Rimetto la mia anima nella tue mani,

te la dono, mio Dio,

 con tutto l'amore del mio cuore

perché ti amo.

Ed è per me una esigenza d'amore

Il donarmi, il rimettermi nelle tue mani,

senza misura,

con una confidenza infinita,

perché sei il Padre mio.

LA PREGHIERA DEL SOFFERENTE

Signore non castigarmi nel tuo sdegno,

putride e fetide sono le mie piaghe.

Sono curvo e accasciato,

triste mi raggiro tutto il giorno,

sono torturati i miei fianchi,

in me non c'è nulla di sano.

Afflitto e sfinito all'estremo,

ruggisco per il fremito del mio cuore.

Signore, davanti a te ogni mio desiderio

e il mio gemito a te non è nascosto.

Palpita il mio cuore, la forza mi abbandona,

si spegne la luce dei miei occhi.

Amici e compagni si scostano dalle mie piaghe,

i miei vicini stanno a distanza.

In te spero, Signore: tu mi risponderai,

Signore, Dio mio.

Non abbandonarmi Signore,

Dio mio,

da me non stare lontano;

accorri in mio aiuto,

Signore, mia salvezza.

MISERICORDIA

MISERICORDIA non è soltanto una parola del Vangelo

è la Persona stessa di Gesù Cristo;

è l'amore del Padre,

tenerissimo e compassionevole,

che si è fatto prossimo all'uomo,

fino ad assumere un corpo,

un volto, un cuore d'uomo.

Il Dio di Gesù Cristo

è Colui che è la dolce luce consolatrice,

l'acqua viva che ristora,

il pane che dà forza per il cammino.

Ho sentito il battito del tuo cuore

Ti ho trovato in tanti posti, Signore.
Ho sentito il battito del tuo cuore
nella quiete perfetta dei campi,
nel tabernacolo oscuro di una cattedrale vuota,
nell'unità di cuore e di mente
di un'assemblea di persone che ti amano.
Ti ho trovato nella gioia,
dove ti cerco e spesso ti trovo.
Ma sempre ti trovo nella sofferenza.
La sofferenza è come il rintocco della campana
che chiama la sposa di Dio alla preghiera.
Signore, ti ho trovato nella terribile grandezza
della sofferenza degli altri.
Ti ho visto nella sublime accettazione
e nell'inspiegabile gioia
di coloro la cui vita è tormentata dal dolore.
Ma non sono riuscito a trovarti
nei miei piccoli mali e nei miei banali dispiace-
ri.
Nella mia fatica
ho lasciato passare inutilmente
il dramma della tua passione redentrice,
e la vitalità gioiosa della tua Pasqua è soffocata

dal grigiore della mia autocommiserazione.
Signore io credo. Ma tu aiuta la mia fede.

ALLA MADONNA DELLA SALUTE

Vergine Maria, che sei invocata con il titolo di Madonna della salute perché in ogni tempo hai lenito le umane infermità, ottieni a me e ai miei cari la grazia della salute e la forza di sopportare le sofferenze della vita in unione a quelle di Cristo redentore. *Ave, o Maria.*

Vergine Maria, che sai risanare non solo le infermità del corpo ma anche quelle dello spirito, ottieni a me e ai miei cari la grazia di essere liberi dal peccato e da ogni male e di corrispondere sempre all'amore di Dio. *Ave, o Maria.*

Vergine Maria, madre della salute, ottieni dal Signore per me e per i miei cari la grazia della salvezza e fa' che possiamo giungere a godere con te la beatitudine del cielo. *Ave, o Maria.*

Prega per noi, santa Maria, salute degli infermi.

Perché siamo fatti degni delle promesse di Cristo.

Concedi ai tuoi fedeli, Signore Dio nostro, di godere sempre la salute del corpo e dello spirito e, per la gloriosa intercessione di Maria santissima sempre Vergine, salvaci dai mali che ora ci rattristano e guidaci alla gioia senza fine. Per Cristo nostro Signore.

Ricordati, o vergine Maria

Ricordati, o vergine Maria, che mai si è sentito dire che alcuno sia ricorso al tuo patrocinio, abbia chiesto il tuo aiuto e la tua protezione e sia stato da te abbandonato. Spinto da questa fiducia, a te ricorro, o madre, vergine delle vergini; a te mi presento, peccatore pentito.

O madre di Gesù, non disprezzare le mie preghiere, ma ascoltami con benevolenza ed esaudiscimi.

PREGHIERA NELLA MALATTIA

O Signore, la malattia ha bussato alla porta della mia vita, mi ha sradicato dal mio lavoro

e mi ha trapiantato in un «altro mondo», il mondo dei malati.

Un'esperienza dura, Signore, una realtà difficile da accettare. Mi ha fatto toccare con mano

la fragilità e la precarietà della mia vita, mi ha liberato da tante illusioni.

Ora guardo tutto con occhi diversi: quello che ho e che sono non mi appartiene, è un tuo dono.

Ho scoperto cosa vuol dire «dipendere», aver bisogno di tutto e di tutti, non poter fare nulla da solo

Ho provato la solitudine, l'angoscia, la disperazione, ma anche l'affetto, l'amore, l'amicizia di tante persone. Signore, anche se mi è difficile, ti dico: sia fatta la tua volontà! Ti offro le mie sofferenze e le unisco a quelle del Cristo.

Ti prego, benedici tutte le persone che mi assistono e tutti quelli che soffrono con me.

E se vuoi dona la guarigione a me e agli altri.

O VERGINE INTERCEDI PER ME

O Vergine, si fa tardi,
tutto si addormenta sulla terra,
è l'ora del
riposo: non abbandonarmi!.

Metti la tua mano sui miei occhi,
come una
buona Madre.
Chiudili dolcemente alle cose di quaggiù.

L'anima mia è
stanca di affanni e di tristezze.
La fatica che mi attende è qui, a me
vicina..
Metti la tua mano sulla mia fronte,
arresta il mio pensiero.

Dolce sarà il mio riposo,
se benedetto da Te.
Perchè domani, il tuo
povero figlio
si desti più forte
e riprenda allegramente
il peso del
nuovo giorno.

Metti la tua mano sul mio cuore.
Lui solo vegli sempre
e
ridica al suo Dio
un amore eterno.
Amen.

RIFLESSIONE SPIRITUALE

…questo è un buon esempio di come la preghiera ci possa essere di aiuto nell'affrontare la solitudine, la sofferenza, la depressione. La preghiera non ci libera dalla sofferenza ma trasforma il dolore; non ci concentriamo più solo sul dolore che proviamo, ma nel dolore ci lasciamo sbocciare per Dio, il Dio che, in Cristo ha patito. Dunque, la preghiera, nel dolore, ci introduce a una più profonda esperienza di Dio. Non sappiamo come affronteremo la nostra vecchiaia, se diventeremo sempre più sereni, più saggi, e uniti, oppure se soffriremo e non sapremo più cosa fare nella vita. Non sappiamo se la fede ci sarà di conforto o se la perderemo. Però possiamo confidare nel fatto che la preghiera ci mostrerà come affrontare la sofferenza che ci colpirà nella vecchiaia – non come eroi che si impongono al di sopra della sofferenza ma come persone ferite e vulnerabili, che attraverso la sofferenza, riescono ad aprirsi sempre di più al mistero d'amore incomprensibile di Dio.

Io prego perché il dono della preghiera non mi sia mai tolto. Perché allora tutto il resto che mi aspetta nella vecchiaia non mi appare più tanto importante.

Anselm Grun (teologo)

PREGHIERA A MARIA PER GLI AMMALATI

Madre di Gesù, madre mia,

sei la più vicina a coloro che soffrono,

poiché non hai lasciato, neppure per un istante,

tuo figlio quand'era sulla croce.

Il tuo cuore sanguinava

quanto la sua carne

e la sua passione fu anche la tua.

Adesso che altri dei tuoi figli

si trovano crocifissi,

chinati su di loro,

non abbandonarli,

affinchè guardandoti semplicemente,

possano di nuovo credere

nella bellezza, nella felicità,

nella vita.

Il male di cui soffrono non può trovare guarigione

che nella tenerezza e nell'amore,

in un sorriso venuto dal cielo.

Sei tu che hai cantato Magnificat

pur sapendo che una spada doveva

trapassarti il cuore;

insegna loro il tuo canto e poniti loro accanto.

O Madre dolorosa, soccorri i tuoi figli che soffrono

perché abbiano consolazione nel cuore.

DAL BUIO ALLA LUCE

Oh mia vita!

Quanto buio!

Tante lotte e sofferenze…

Voglia di dimenticare tutto…

Oh vita sei tanto ingiusta!

Avevo tanto bisogno d'amore…

Ho tanto sperato!

Così all'improvviso,

TU

mi hai ridato il sorriso,

hai raccolto questo esile fiore

mi hai preso la mano

…e il cuore

Fu così che ho rivisto

La luce… I colori… La vita…

e…l'Amore di Dio.

PER CHI E' NEL LUTTO

Se mi ami non piangere!

Se conoscessi il mistero immenso del cielo dove ora
vivo,

se potessi vedere e sentire quello che io sento e vedo

in questi orizzonti senza fine

e in questa luce che tutto investe e penetra,

non piangeresti e mi ami!

Sono ormai assorbito dall'incanto di Dio,

dalle sue espressioni di sconfinata bellezza.

Le cose di un tempo sono così piccole e meschine al
confronto!

Mi è rimasto l'affetto per te,

una tenerezza che non hai mai conosciuto!

Ci siamo amati e conosciuti nel tempo:

ma tutto era allora così fugace e limitato!

Io vivo nella serena e gioiosa attesa del tuo arrivo fra
noi:

tu pensami così,

nelle tue battaglie pensa a questa meravigliosa casa,

dove non esiste la morte,

e dove ci disseteremo insieme

nel trasporto più puro e più intenso,

alla fonte inestinguibile della gioia e dell'amore.

Non piangere più se veramente mi ami!

A TUTTE LE PERSONE MORTE E CHE NON
HANNO UN RICORDO

(tratto dal romanzo I PROMESSI SPOSI di Alessando
Manzoni)

Nel pieno della peste a Milano …

Entrato nella strada, Renzo allungò il passo, cercando di non guardar quegl'ingombri, se non quanto era necessario per iscansarli; quando il suo sguardo s'incontrò in un oggetto singolare di pietà, d'una pietà che invogliava l'animo a contemplarlo; di maniera che si fermò, quasi senza volerlo. Scendeva dalla soglia d'uno di quegli usci, e veniva verso il convoglio, una donna, il cui aspetto annunziava una giovinezza avanzata, ma non trascorsa; e vi traspariva una bellezza velata e offuscata, ma non guasta, da una gran passione, e da un languor mortale: quella bellezza molle a un tempo e maestosa, che brilla nel sangue lombardo. La sua andatura era affaticata, ma non cascante; gli occhi non davan lacrime, ma portavan segno d'averne sparse tante; c'era in quel dolore un non so che di pacato e di profondo, che attestava un'anima tutta consapevole e presente a sentirlo. Ma non era il solo suo aspetto che, tra tante miserie, la indicasse così particolarmente alla pietà e ravvivasse per lei quel sentimento ormai stracco e ammortito ne' cuori. Portava essa in collo una bambina di forse nov'anni, morta; ma tutta ben accomodata, co' capelli divisi sulla fronte, con un vestito bianchissimo, come se quelle mani l'avessero adornata per una festa promessa da tanto tempo, e data per premio. Nè la teneva a giacere, ma sorretta, a sedere sur un braccio, col petto appoggiato al petto, come se fosse stata viva; se non che una manina bianca a guisa di cera spenzolava da una parte, con una certa inanimata gravezza, e il capo posava sul l'omero della madre, con un abbandono più forte del sonno: della madre, ché, se anche la somiglianza de' volti non n'avesse fatto fede, l'avrebbe detto chiaramente quello de' due ch'esprimeva ancora un sentimento. Un turpe monatto andò per levarle la bambina dalle braccia, con una specie però d'insolito rispetto, con un'esitazione involontaria. Ma quella, tirandosi indietro, senza però mostrare sdegno né disprezzo, «no!» disse: «non me la toccate per ora; devo metterla io su quel carro: prendete». Così dicendo, aprì una mano, fece vedere una borsa, e la lasciò cadere in quella che il monatto le tese. Poi continuò: «promettetemi di non levarle un filo d'intorno, né di lasciar che altri ardisca di farlo, e di metterla sotto terra così». Il monatto si mise una mano al petto; e poi, tutto premuroso, e quasi ossequioso, più per il nuovo sentimento da cui era come soggiogato che per l'inaspettata ricompensa, s' affaccendò a far un po' di posto sul carro per la morticina. La madre, dato a questa un bacio in fronte, la mise lì come sur un letto, ce l'accomodò, le stese sopra un panno bianco, e disse l'ultime parole: «addio Cecilia! riposa in pace! Stasera verremo anche noi, per restar sempre insieme. Prega intanto per noi; ch'io pregherò per te e per gli altri». Poi voltatasi di nuovo al monatto, «voi», disse, «passando di qui verso sera, salirete a prendere anche me, e non me sola». Così detto, rientrò in casa, e, un momento dopo, s'affacciò alla finestra, tenendo in collo un'altra bambina più piccola, viva ma coi segni della morte in volto. Stette a contemplare quelle così indegne esequie della prima, finché il carro non si mosse, finché lo poté vedere; poi disparve. E che altro poté fare, se non posar sul letto l'unica che le rimaneva, e mettersele accanto per morire insieme? come il fiore già rigoglioso sullo stelo cade insieme col fiorellino ancora in boccio, al passar della falce che pareggia tutte l'erbe del prato.

Riflessione sulla Speranza

La gratuità teologale della speranza come dono è una faccia della medaglia: l'altra faccia è rappresentata dalla sua dimensione attiva e virtuosa. Viene qui alla luce l'eccedenza dello sperare rispetto al passivo dell'attendere. Questo è il terzo bivio, dinanzi al quale il testimone deve compiere un altro passo: la speranza è attiva perché con essa si va verso il tempo e non si aspetta, con l'attesa, che esso venga verso di noi. Si pensi al fatto che sia Giuda sia Pietro hanno tradito Gesù, ma mentre Giuda, suicidandosi, ha assegnato al passato il compito di esprimere tutto il senso della sua vita, Pietro ha conosciuto la fatica di ri-assumere il proprio passato togliendogli l'onore di dire l'ultima parola sul senso della sua vita.

Per questo Pietro è diventato colui che ha fatto dell'errore un oggetto della misericordia divina, ha preso atto della sua debolezza, ed è andato verso la via della vita.

TESTIMONIANZE DAL DOLORE ALLA SPERANZA

Chiara Badano (1971/1990)

Pochi i suoi anni di vita, ma tutti in ascesa. Ricca di doti, intelligente, bella e sportiva, è colpita da un tumore ma non si arrende. Si affida alla volontà di Dio e va incontro a Gesù con amore di sposa. Ragazza normale, è straordinaria nel suo vissuto quotidiano. Scopre in Dio Amore l'ideale di vita: colma di gioia, la diffonde intorno a sé. Predilige i piccoli, gli umili, e i poveri; soprattutto i bimbi dell'Africa che vorrebbe raggiungere come medico. Giunge a percepire la malattia come un dono: "se lo vuoi tu, Gesù, lo voglio anch'io"; irradia serenità e pace aiutando e confortando chi l'avvicina.

...appena le forze glielo permettono, Chiara scrive alla Lubich per informarla della decisione presa circa l'interruzione della chemioterapia; tra l'altro afferma: "...nessun risultato, nessun miglioramento, la medicina ha così deposto le sue armi. Solo Dio può . Interrompendo le cure, i dolori alla schiena dovuti ai

due interventi e all'immobilità a letto sono aumentati e non riesco quasi più a girarmi sui fianchi. Stasera ho il cuore colmo di gioia...mi sento così piccola e la strada da compiere è così ardua; spesso mi sento sopraffatta dal dolore. Ma è il Signore che viene a trovarmi, vero? Sì, anch'io ripeto con te: <u>"se lo vuoi tu Gesù, lo voglio anch'io".</u> Sono con te certa che, insieme a Lui, vinceremo il mondo! Uno in Gesù crocifisso e abbandonato! Tua Chiara

NENNOLINA

«Caro Gesù eucaristia, sono tanto, proprio tanto contenta che tu sei venuto nel mio cuore. Non partire più dal mio cuore, resta sempre, sempre con me. Gesù, io ti amo tanto io mi voglio abbandonare nelle tue braccia e fa di me quello che tu vuoi. [...] O Gesù amoroso, dammi anime, dammene tante!». Chi scrive e una bambina Una bambina di appena sei anni. La grafia e gli errori sono quelli di chi ha da poco imparato a usare la penna. Si chiama Antonietta Meo, per i suoi: Nennolina. Quando scrive questa letterina indirizzata al suo «caro Gesù» ha da poco ricevuto la prima comunione e la malattia che da tempo la divora le è già costata l'amputazione di una gamba. Morirà a Roma tre mesi più tardi stroncata da un cancro alle ossa. È il 3 luglio 1937.

...Il 12 giugno Antonietta si aggrava. Respira affannosamente. Le viene estratto il liquido dai polmoni. Il 23 le vengono resecate tre costole in anestesia locale, date le sue precarie condizioni generali. Racconta la mamma: «Non posso dire lo strazio di quel corpicino martoriato. Quel giorno trattenendo a forza le lacrime le dissi: "Vedrai, piccola mia... appena ti sarai rimessa andremo in vacanza, andremo al mare... ti piace tanto il mare... potrai fare anche i bagni, sai?...". Mi guardò... con tenerezza mi disse: "Mamma, stai allegra, sii contenta... Io uscirò da qui tra dieci giorni meno qualche cosa"». La madre non poteva sapere che in quel momento Antonietta le aveva detto esattamente il giorno e l'ora in cui sarebbe morta.

1. febbraio 5, 2012 a <u>6:15 pm</u>

Ciao, mi chiamo Luciano, ho un cancro con metastasi ossea, ora anche nei polmoni, una settimana fa, mi hanno detto che ormai non ce piu nulla da fare, la medicina si ferma qui, sono un malato terminale, e vorrei rispondere a Maria, tu dici che la preghiera non serva molto in questi casi, ti posso dire che è il contrario, se non avessi la preghiera e la certezza che Gesù mi stà

vicino, mi aiuta a capire, a sopprtare, mi aiuta a
dire veramente "sia fatta la Tua volontà", a sa-
per donare tutto questo a Dio, se non avessi il
dono della preghiera, non saprei sopportare,
ogni giorno lo sento vicino, anzi ogni momento.

LUCIANO

di David Wilkerson
1980

Questo messaggio è solo per quelli che si sentono giù;
per quei figli di Dio abbattuti da disperazione, solitudine, sofferenza, dolore, dispiacere. È anche per tutti
quelli che si affliggono perché non hanno più alcun
essere umano su cui appoggiarsi. Sebbene confidino
nel Signore, il loro umano bisogno d'amore e di sentirsi utili non viene soddisfatto.Ma soprattutto, questo
messaggio è per coloro che sembra non riescano a
scrollarsi di dosso la disperazione, perché non capi-
scono il senso di ciò che stanno attraversando. So di
cristiani molto santi, che stanno sperimentando una
prova tanto pesante e dolorosa, da domandarsi, a volte, se Dio non stia permettendo che essi soffrano oltre
la loro capacità di sopportare. La sofferenza interiore
li schiaccia quasi, si chiedono come mai le richieste di
liberazione non vengano prontamente esaudite.

Ho saputo di grandi uomini e donne di fede che hanno attraversato prove tanto buie e dure che la loro stessa vita non sembrava più degna di essere vissuta. Un ministro, mio caro amico, che stava attraversando la prova più difficile della sua vita, mi disse: "David, negli ultimi tempi mi sono sentito così giù, schiacciato e stanco, stufo e scoraggiato, da cominciare a capire alcuni che non sono cristiani e vorrebbero togliersi la vita. L'idea del suicidio non mi viene certo in mente, ma ci sono momenti in cui, se non fosse per il mio Salvatore, non riuscirei a farcela. Preferirei morire, piuttosto che continuare ad andare avanti così! Adesso capisco perché tanta gente si rivolge alla droga ed all'alcol: per riuscire a tirare avanti, devono stordirsi. So che Dio me ne tirerà fuori, ma in questo momento odio anche il solo alzarmi dal letto. Però, confido in Dio."Tutti i profeti predissero che i santi di Dio sarebbero stati provati col fuoco, come l'oro, che ne viene raffinato. Geremia disse: "Ecco, io li fonderò nel crogiuolo per saggiarli" (Geremia 9:7). Daniele predisse che negli ultimi tempi i santi sarebbero stati duramente provati, per essere purificati e resi pronti (Daniele 11:35), Zaccaria profetizzò l'arrivo di una prova di fuoco per raffinarli "come si affina l'argento ... come si prova l'oro ..." (Zaccaria 13:9).

Il Nuovo Testamento fa comprendere che le prove più difficili devono essere accettate, come cose comuni a tutti gli uomini. Anche il grande apostolo Paolo diceva di trovarsi tribolato, perplesso, disperato (II Corinzi 4:8). E sebbene esprimesse una nota vittoriosa, pure, in mezzo a tutti i problemi e le prove, sperimentò lo sgomento. Il profeta Geremia attraversò una prova di questo genere. Aveva sperato nella liberazione, ed invece, veniva gettato ancora più in basso, nel fosso della disperazione. Egli gridò: "Mi ha circondato di un muro, perché non esca; mi ha caricato di pesanti catene ... Egli mi ha sbarrato la via con blocchi di pietra, ha sconvolto i miei sentieri" (Lamentazioni 3:7,9).Come è chiaro, questo profeta, nel descrivere i sentimenti di un figlio di Dio che si ritrova gettato così in basso! Sentimenti di impotenza, pesi che sembrano catene, e delle più gravose; mura di pietra in ogni direzione, una strada incerta, sentieri sconvolti!

Geremia perse di vista la mano di Dio nella sua vita. Non riusciva più ad avvertire la presenza divina in quello che gli stava capitando. Pensava che adesso poteva contare solo su se stesso, che tutte le direzioni di Dio erano andate a male; che dopotutto, forse, la luce che era in lui non era altro che tenebre.

"Egli m'ha condotto, m'ha fatto camminare nelle tenebre e non nella luce" (Lamentazioni 3:2).

Cosa triste, eppure così frequente per tutto il popolo di Dio, Geremia toccò veramente il fondo. Non poteva sentirsi più abbattuto di così. Sentiamo la sua miserevole disperazione. "M'ha spezzato i denti con della ghiaia, m'ha affondato nella cenere. Tu hai allontanata l'anima mia dalla pace, io ho dimenticato il benessere. Io ho detto: E' sparita la mia fiducia, non ho più speranza nell'Eterno! Ricordati della mia afflizione, della mia vita raminga, dell'assenzio e dell'amarezza! L'anima mia se ne ricorda del continuo, e n'è abbattuta dentro di me" (Lamentazioni 3:16-20).

Mi domando quanti dei miei amici lettori possano paragonare se stessi all'agonia di Geremia, nei suoi momenti di abbattimento. Anche tu forse ti trovi in una prova tale, da gridare: "Signore, sono arrivato al fondo. Non ce la faccio più. Sono così miserabile che mi sento morire! Non posso scendere più in basso di così! Non lo capisco! Quando finiranno queste tenebre?".

Forse ti chiedi se mai verrà un giorno in cui sarai di nuovo felice e senza pensieri? Hai paura che le tue prove siano già durate troppo a lungo, e non ti senti più in grado di sopportarle? Sogni e speranze stanno forse svanendo, come se fossi condannato ad una vita di miserie e problemi? Grazie a Dio, nella Parola c'è una risposta a tutto questo. Ci è stato dato un messaggio di ristoro per gli scoraggiati.

Fino ad ora, abbiamo concentrato la nostra attenzione sul problema. Consideriamo ora la via per ottenere vittoria sopra ogni disperazione. Possiamo cominciare proprio dal profeta che abbiamo preso come esempio di sofferenza, perché egli è anche un buon esempio di fede e speranza.

Nella sua ora più buia, Geremia scoprì una gloriosa verità, che riportò nella sua mente nuova speranza e sicurezza. Erano cose riguardanti Dio, che egli già conosceva, ma che mai gli avevano toccato l'anima, fin quando non fu all'estremo. Scoprì che proprio nel punto più basso, c'era Dio! Più scendeva giù, più doveva scoprire Dio. Il luogo più profondo non era un qualche abisso buio, nascosto, spaventevole, ma il luogo di più profondo incontro con Dio. Il Signore non si doveva scoprire "LASSÙ", nell'alto di cieli pieni di felicità, ma nelle ombre del dolore e della sofferenza. Toccando il fondo, Geremia rimbalzò verso Dio! Aveva nutrito sentimenti tristi circa la fedeltà di un Dio compassionevole. Ascoltiamo ora le sue scoperte:

Dio è un Dio di compassione: "le sue compassioni non sono esaurite; si rinnovano ogni mattina. Grande è la tua fedeltà!" (Lamentazioni 3:22-23).

Geremia cominciò, un poco alla volta, a realizzare alcune grandi verità che possono essere scoperte solo da quelli che sono nell'abbattimento.

Quando sono al fondo, i problemi hanno sommerso il mio cuore, ed io dico "Per me è finita", Dio mi si accosta e sussurra "Non temere" (Lamentazioni 3:54-57).

Quando sembra che Dio si sia "avvolto in una nuvola, perché la preghiera non potesse raggiungerlo", egli vedrà il torto che mi è fatto, e giudica la mia causa!" (Lamentazioni 3:44,59).

Se il Signore permette tristezza e sofferenza, mi sosterrà, allo stesso tempo, con abbondanza di compassione e d'amore (Lamentazioni 3:32).

Dio soffre quando soffro io; egli vuole mettere fine ai miei guai! (Lamentazioni 3:33).

Quando mi sento prigioniero dei guai, Dio non è contro di me, non cerca di stritolarmi sotto i piedi (Lamentazioni 3:34).

Dio non sta cercando di sabotare i miei progetti; non è la causa della mia confusione; non sta lavorando a mio danno (Lamentazioni 3:35).

Anche nell'amarezza e nella disperazione, quando odio dover affrontare le mie giornate, la sua compassione non viene meno. Le sue misericordie mi attendono, nuove ogni mattina (Lamentazioni 3:22,23).

Poiché Dio è sempre fedele, egli opererà certamente in mio favore. Non mi scaccerà. Mi salverà (Lamentazioni 3:25,26).

Quando sono arrivato al fondo, non ho altri a chi volgermi, se non a Dio. Perciò, leverò il mio cuore e le mie mani, e lo ringrazierò per la sua fedeltà! (Lamentazioni 3:40,41).

Mi sento così giù da pensare di avere perduto ogni forza e speranza. Sono vuoto ed umiliato; adesso non posso far altro che fidare nelle sue misericordie! (Lamentazioni 3:18,21,21).

Il significato di tutto questo è semplicemente: "Distogli lo sguardo dai problemi e dalle afflizioni, e ricorda a te stesso che Dio rimane fedele e che la sua compassione e tenerezza sono a tua disposizione".

Rigetta l'incredulità e di' all'anima tua: "Aspetta un po', Dio è sempre Dio! È sempre sul suo trono, per ascoltare ed esaudire le preghiere. Dio agirà al mio fianco, e lo farà né un minuto prima, né un minuto dopo il dovuto. Non sta cercando di ferirmi. Mi ama. Dio fa sgorgare il suo amore nei miei confronti; ha cura di me. Anche adesso, sebbene io soffra, non è lontano. Vede ogni mio movimento, conserva ogni lacrima; agirà a tempo debito e farà quello che occorre! Dio è più grande di qualsiasi mio problema! È troppo santo per deludermi. Le sue promesse non devono e non possono venir meno. Attenderò in pace che il mio Signore mi conduca in luogo sicuro. Fino ad allora, egli è con me, nell'ora più buia. Non sono solo, ha promesso che non mi abbandonerà e non mi lascerà mai! Mi conforterà nelle sofferenze! Anche fino alla morte! Non mi dimenticherà!"

Lettera scritta ai due figli, nati e deceduti dopo poco tempo a causa della loro prematurità, battezzati appena dopo la nascita:Michele e Chiara.

Quando il sole tramonta e le giornate concedono un periodo di riposo alla mente, il mio pensiero va a te Chiara. E' vero, mi dirai, hai comunque i miei due fratelli vivi, e Dio ti ha dato tantissimo. Ecco, io vorrei dirti che in quel "tantissimo" ci sei anche tu. Gli anni che fuggono, alcune esperienze di dolore, l'essere genitore, mi hanno fatto comprendere che se la vita finisse con la morte del corpo, tutto sarebbe vanità. Tu per me sei viva, perché il ricordo di te è stampato nella mia mente, e nessuna atrofizzazione celebrale, nessuna lesione derivante dalla malattia, potrà mai toglierti. Ti ho visto respirare e combattere con quel tuo piccolo corpicino, ti ho seguito finchè ti sei addormentata. Eri bellissima.

Quando mi chiedono quanti figli ho, non ho la forza di dire "due". Per alcuni sarò psicopatico, i tecnici diranno che non ho superato il trauma nell'inconscio. Per me c'è qualcosa d'altro. Credo fortemente che tu Michele sei vivo, come i tuoi fratelli. Tu che, lo abbiamo scoperto dopo la tua partenza, hai combattuto con una forza scientificamente inspiegabile per cercare di arrivare alla luce.

Ma voi cari figlioli, siete più di noi nella luce, quella che riempie non solo gli occhi, ma anche l'anima. Non posso sapere, ma immagino una infinita dolcezza, una costante presenza di due angeli che vegliano costantemente sulla nostra famiglia. A ben guardare, anche con la freddezza di un ateo, certi avvenimenti capitati ai vostri fratelli e ai vostri genitori hanno avuto un lieto fine per motivi che né la scienza, né la ragione possono spiegare.

E anche ora, che vostra madre fatica nel far crescere i figli, perché il papà ha una malattia che gli impedisce di collaborare con tutto l'amore con cui vorrebbe, anche ora risuona nella mia mente la vostra presenza. E' proprio vero, Dio mi ha dato quattro figli, e quelli che agli occhi umani sembrano meno forti, sono i più belli.

Quando la barca della nostra famiglia, compresi i nonni, vacilla e sta nella tempesta, prendo il timone e chiedo il vostro aiuto.

Di errori il vostro papà ne ha commessi molti, prima e dopo il vostro arrivo, verso di voi e verso i vostri fratelli. Voi, dove siete ora, nella pace che non ha fine, potete comprenderli, io fatico.

Non so se la mia malattia mia porterà presto ad incontrarvi o mi toglierà solo il senno, oppure Dio mi permetterà di continuare a vivere ed aiutare la nostra famiglia. Questo io non lo so.

Di una cosa sono certo. Mi mancate tanto. E finchè sarò al mondo continuerò a ripetere ai vostri fratelli che sono qui tra noi, che il regalo più grande che possano fare al loro papà, è il non dimenticarsi mai di voi, anche quando i vostri genitori non ci saranno più.

Facciamo così: quando io do una carezza ai vostri fratelli è come se la dessi a voi e viceversa voi a me. Ci sentiremo più vicini e non sarò più solo perché nel ricordo del vostro corpicino fragile come un uccellino, continueremo a scambiarci il bene che ci vogliamo.

Arrivederci bambini.

Il vostro papà

LETTERA DI GESÙ PER TE

Benvenuto,

ti attendevo da tanto tempo e ora finalmente ci siamo incontrati. Se sei qui sicuramente hai un grande dolore, una grande sofferenza che ti lacera l'anima. E io sono qui per te, per essere a tua consolazione, la tua speranza, la tua forza. Da giorni ti stavo aspettando, volevo guardarti negli occhi. E se tu alzi lo sguardo mi vedi nella mia misericordia infinita. Desidero parlarti cuore a cuore, voglio dirti tutto il bene che ti voglio, voglio che tu senta il mio abbraccio per te. Mi sento fremere di compassione quando ti vedo piangere, mi sento stringere nel cuore, quando vedo che soffri, ma ora sei finalmente qui, mio caro amico e fratello, sentimi seduto vicino a te, sentimi al tuo fianco. Io non posso lasciarti solo, non posso mettermi da parte nella tua vita. Non pensare che io sia indifferente o lontano dal tuo dolore, io sono qui vicino a te! Sono veramente felice quando ti vedo. Ho scritto il tuo nome sul palmo della mia mano, tu sei una perla preziosa per me e mai ti posso dimenticare; la sofferenza che ti ha colpito per ora non puoi comprenderla, rientra nel misterioso progetto di amore del Padre mio, ma sappi che tu sali con me sulla croce e con me ti offri al Padre con amore. Mio compagno in questo percorso di vita! Ti prendo sotto braccio e cammino con te! Prego in te e per te e ogni giorno al Padre nella forza dello spirito, nella comunione di amore che viviamo, preghiamo perché il tuo dolore sia offerto, perché la tua anima cerchi solo in noi una risposta vera e autentica … Se potessi vedere anche solo un istante quanto ti amiamo, moriresti dalla gioia. I miei occhi non riescono a staccarsi da te per quanto ti amo, per quanto ti sono vicino e per quanto ci tengo a te.

Mio caro fratello e mio compagno nel dolore, apri la tua anima, apri il tuo cuore all'infinita forza del mio amore e anche quanto i chiodi della sofferenza trapassano il tuo debole corpo, tu abbandonati a me con tutto te stesso, cerca la tenerezza nella profondità del mio cuore.

Io desidero solo consolarti e donarti speranza e forza. Io piango con te e per te, e non credere che non mi addolori vederti soffrire. Anche per me è stato difficile abbracciare quella croce, ma sappi che tutto questo avviene perché nella tua vita risplenda sempre di più l'amore e la fede. Amami così come sei, so che su questa croce ormai da anni non sono più solo, tu e altri siete con me. Grazie, amico, sono con te, ora e per sempre

AMEN

TUO AMICO GESÙ

Finito di stampare nel mese di Giugno 2015
per conto di Youcanprint *Self-Publishing*